CHORRO DE CIERVOS

CHORRO DE CIERVOS

Kamran Mir Hazar

Poesía

Traducción:

Manuel Llinás

Rafael Patiño Góez

Primera Edición: 2012
Full Page Publishing
Nueva York, Estados Unidos
© 2012 Kamran Mir Hazar
Todos los derechos reservados.
www.kamranmirhazar.com
ISBN: 978-0-9837708-4-8

Para mi familia

CONTENIDO

1	Chorro de ciervos	1
2	Petrel	4
3	Cuento de filósofos y salvajes	8
4	Revisión de un recuerdo de Nazim Hikmet	15
5	Ahmad Amir Alaí	20
6	Fotografía	21
7	El taller de la Creación	23
8	Pintura	25
9	Trajo en la camisa de Paktiká la emoción	28
10	Tren congelado	30
11	El grito de una yegua a punto de convertirse en mariposa	32
12	Virus de la escritura	40
13	Un rostro bronceado y diminutas venas púrpura	47

Chorro de ciervos

Mientras vienen a arreglar el sonido

mientras vienen a cubrir de sombra mi respiración

o traen un espejo

para que me pare delante

con 168 centímetros de estatura

peinado y con cuello de filigrana bordada

y veo un tren con sus amplios raíles

acelerando ahora en mi garganta

mientras quieren mostrarme a un hombre

sentado tras un escritorio

recolocándose unas gafas

trayéndole el viento sus sueños

junto a este chorro de ciervos

junto a este rato que paso con Mir Hazar

junto a este cauce

junto a este viento que ha pasado entre ajorcas de mujeres

que ha pasado por collares de palomas

y ha desbordado la montaña

y ha enmustiado

ha enmustiado, ha escuchado el canto de todos los fracasados

y se ha dirigido hacia mí

en esta exposición de pintura y caligrafías

hacia estas voces desnudas

que se unen en la extensión de la cornamenta de los ciervos

o en el preciso instante en que el tren se entreteje en sus ojos junto a mí, precipitado desde los vagones

al detener su automóvil

al caminar

los últimos pasos de su vida

muy

muy

despacio

y detenerse en la exposición

con una luz cautivadora posándose en el fondo del vaso

-----

llega alguien

y desenchufa el televisor

Petrel

De alto linaje

mirar penetrante

la excitación de sus cejas mezclada en el calor de la piel

acaso envuelta en seda

acaso en el sueño de los marinos

o en el son armónico del interior

suspendida de las manecillas del reloj de la respiración

o acaso caminando en desprendido paraíso de salvajes.

En aquel instante era ineludible inmolarse

rebelión desgarrada y desbocada

del color del pico del petrel

o el instante en que su cuerpo pasaba de mano en mano

y no sabía nadie que le habían disparado

pero no fueron las balas lo que acabó con ella

rebelión desbocada del color del pico del petrel

en ese instante no era mansa oveja ni pantera furiosa

sacó un cigarro y lo encendió, en aquel instante

y echó a andar hacia la vela del barco

y cobró color entre aceitunado y acuoso

y volvió la melodía al inicio

y volvió a sonar la composición temblorosa y ondulante

dominando en el instante palabra y convenciones

y en aquel momento, en el calor apagado de un instrumento de viento, cobró forma

y en aquel entonces era ella borracha consumada

y a trompicones dominó la expresión y el tiempo.

Volvió la melodía al inicio

y sonó de nuevo la composición temblorosa y ondulante

de nuevo fluyó

y de boca de mujer brotó

que en un salón majestuoso una luz azul resurtiendo

haciendo bullir el recuerdo del joven almirante

en ese instante no era mansa oveja ni pantera furiosa

tenía el pudor de una mujer encinta

no le apetecía el vino

y había huido de los burdeles

y pasó aquel mes ensimismada

la tristeza del almirante que se ahogará en un río

la medusa jamás bailó con pena.

Resurte la luz por el estrado

y pasa sobre su cuerpo cristalino

vuelve

y sucumbe en sus pestañas

no volverán aquellos instantes de lujuria

tenía el pudor de una mujer encinta

estaba encinta

cimbreaba el cuerpo

rebelión desbocada del color del pico del petrel

con el son armónico del interior un tumulto

atraviesa la prenda de rejilla

en ese instante en que atravesó la cinta de alquitrán

en ese instante no era mansa oveja ni pantera furiosa

Cuento de filósofos y salvajes

uno

¿alguna vez te has sentido extraño?

algo raro sucede en la pantalla

un crepúsculo cansado

un día cansado

te recuerda alguien esta noche

en las calles de la capital

te recuerda alguien esta noche

junto a la plaza

junto a la estación

en la habitación

junto a los libros

¿alguna vez te has sentido extraño?

la cámara hace zoom sobre tu silla vacía

el director está muy triste

dos

cineasta triste

espectadores tristes

¿qué haces?

contempla mi tierra apenada

el fuerte olor de axilas de los generales

hoy aquí se ejecutará la ley

al calibrar ansiosos sus armas

al desplazarse la cámara a una imprenta abandonada

tres

Alicia en el país de las maravillas

Alicia en mi país

Alicia junto a una mata de flores

en mi ciudad, sentada a la mesa de los tahúres

mientras la luz amarillenta se derrama sobre las cartas

bajo la proyección en sombra de un cactus

mientras se baten en duelo hombres que viven de soñar con una mujer triste

esto es el mundo

todo cuento de filósofos y salvajes

esto es el mundo

cuento de hombres guerreros en algún lugar semejante a Texas

en una imprenta abandonada

jugándose quién palpará a una mujer

cuatro

Sé del palpitar de tu corazón por un himno nacional

sé de tu pena, demasiada para amar

pero contente

cuando van y vienen los mendigos

no azuces tus perros contra mí

contente

pasan los días uno tras otro

sin dejar ocasión de poner a nadie el nombre

pasan los días uno tras otro

el amor, de donde venga, hace enloquecer

he escrito tu nombre sobre las montañas

he escrito tu nombre junto a la estatua de Buda

he escrito tu nombre sobre el Mediterráneo[1]

---

[1] Gracias Paul Eluard

se evapora

y la libertad se extiende por el mundo

no terminas, ni siquiera en Siberia

donde los acatarrados te llaman en el vaho de su aliento

cinco

yo digo este poema para Alicia

por primera vez así le hablo

sin saber cuánto sabrá mi Alicia de la historia de Nazim Hikmet

ni si habrá siquiera leído las cartas de Chaplin

cuando Nazim habla a su amada

habla de la revolución

de alfileres y camisas

de banderas revolucionarias

mi Alicia tiene que haber leído las cartas de Chaplin

para saber cómo suena el llanto

de un hombre que hace reír a todos

extraño es nuestro mundo Alicia

yo aún entono elegías para los seres queridos

Revisión de un recuerdo de Nazim Hikmet

todo se desmorona con el traqueteo del tren

cuando abro la puerta del compartimento

una luz se alarga hasta el fondo

el cabo de la luz se inclina sobre unas piernas de mujer

entro

saludo

no hay respuesta

no hay nadie

dejo mi cartera

me quito la chaqueta

me siento

hasta Izmir son varias horas.

Clavo la mirada sobre la cara de ella

parece que ha cerrado los ojos

la mitad de la melena le cae sobre los pechos

una luz va y viene sobre sus piernas

pantalón rosado

y zapatos azules

en completo silencio

el interior del compartimento está en completo silencio

ya ni siquiera roto por el tren

apenas sube y baja todo

como ella sube y baja

y yo subo y bajo

el traqueteo abre aún más la puerta del compartimento

y ahora la luz del pasillo se extiende sobre su cuerpo todo

cara blanca

ojos cerrados

duerme

es realmente extraño

¿han leído El avión de la La Bella Durmiente?

es tan extraño

y ella hermosa

tan hermosa

las piernas juntas

las manos finas y transparentes

la blusa de media manga

cuello inglés

azul

cara blanca he dicho

pestañas que ensombrecen sus ojos cerrados

como rociados de kohl

como de camino hacia su amante

barbilla fina

sus labios como esperando el beso

como si un amante estuviera por llegar y tomarla en brazos

me levanto

salgo

el ruido del tren descompone todo

camino por el pasillo

parpadeando fuera faroles como candiles

vuelvo

desbaratado el orden de su piernas

ahora se ha recogido los cabellos

Dios mío ha despertado

saluda

saludo

las manos cálidas

habla ella

y yo no entiendo ni mis propias palabras

tan sólo el unirse y despegarse sus labios

Dios mío

qué bello es el trayecto de Ankara a Izmir.

Ahmad Amir Alaí

Su rostro

su estatura

no cabían siquiera en la cámara

cuando se hubo arreglado la corbata

todos tomaron sus fotografías

e incluso al traer su cadáver

no se podía hacer nada

yo no era más que un reportero

Fotografía

uno

Tal vez sea por la tarde

a la sombra de un almendro

ausentes las partículas de las que hablan

seguro que en las montañas hace frío

miren

miren a la derecha de la fotografía

¿un hombre con un kaláshnikov? ¿qué quiere decir?

dos

un príncipe solo

con arruga pensativa hasta el hueco de la sien

¿qué se agita en tus ojos?

tomo juramento al príncipe

por las montañas

por los simples de su reino

¿qué expresan en verdad los ojos del príncipe?

miren

algo parecido a una tarde

mi padre en pie y solo

miren de nuevo el lado derecho de la fotografía

El taller de la Creación

esa unidad inquieta entre los labios

esa hermosa arquitectura de cuerpo

de expresión y de cuerpo

y un arco enardecido abarcando el giro hasta la espalda

bebed en todo instante el vino

que no se olvidará el gusto de este trago

bebed en todo instante el vino

que es cada instante un tesoro

cada instante sus cejas en nuestros poemas

su mirar

su andar

un gran corazón en el taller de la Creación

expresión callada entre los dedos

entre el girar y los besos continuos

y de nuevo alejarse

alejarse hasta el punto

de la estación a la que vinimos para despedirla

Pintura

uno

he cerrado los ojos

los tengo cerrados

para cortar el paso a las lágrimas

quiero huir de allá adonde apuntan todas las balas

de allá donde caí tantas veces mártir

me alcé

volví a caer

quiero huir de todos los cuadros

del movimiento atorado de los brochazos

de los pinceles

de la mirada llorosa incluso de aquella que me pintara

dos

Todos los himnos se entonan por ti

todos los cantos

y sobre el escenario se ejecutarán todas las danzas

hay penar para toda persona

y sueños para aquellos que te sirven de escondrijo

el mar para ti

y la mirada de marinos que corren

tras el cuerpo de una muchacha sobre la cubierta

este barco se acercará a París

para que mencionen entre un relato y otro a esa triste muchacha los escritores parisinos

este barco se acercará a París

a la esquina derecha de un cuadro del Louvre

allá donde el penar humano se oculta en la pintura

entre azules

Trajo en la camisa de Paktiká la emoción

Junto a un olor inconcreto de adormideras, a veces, están esos aspectos del pasar.

Trajo en la camisa de Paktiká emoción no alcanzada por extraño alguno.

Medio día

transcurre,

calor agreste del verano;

y no preguntes a los fatigados narradores si el sultán con sus estelas,

montañas,

viento,

traerá de lo seco tristeza y no alegría.

No puede contar el narrador

por sí mismo en gotas salobres,

El narrador…

¡no puede!

No hay bálsamo que sane a mi Kabul de sus heridas.

Tren congelado

resbala un nivel sobre otro

la lengua en el desliz de dos fragilidades

oyes cómo se entremezcla a veces

con urdu espeso

ese nivel resbaladizo y claro

un niño empieza a hablar en un tren urbano

a veces urdu, a veces norsk[1] con algo de bergensk[2]

imbricados, cada varios niveles engrasados

llevan este tren congelado hacia Østerås[3]

como si las lenguas se frotaran

en Røa[4], alguien arrima su mechero a un trozo de

---

[1] Norsk o noruego: lengua de noruega.

[2] De Bergen, ciudad al oeste de Noruega.

[3] Zona a las afueras de Oslo.

papel de aluminio

saca la heroína del envoltorio de plástico

y responde al teléfono con acento cerrado de Bergen

Det er fint vær

men det blir finere

unnskyld, jeg har dårlig batteri[5]

da snakkes vi

---

[4] Barrio de Oslo.

[5] Traducción: hace buen tiempo / pero aún mejorará / lo siento, no tengo batería / luego hablamos.

El grito de una yegua a punto de convertirse en mariposa

uno

Incesantemente sobre el agua, horizonte,

Río partido,

Oxus [1] bifurcado,

Alguien se levanta defendiendo su posición;

O quizás

---

[1] Oxus: El río Amu Daria es un largo río de Asia Central, antiguamente llamado río Pamir y Oxus, por los griegos. Nace en la cordillera del Pamir y sirve de frontera natural entre Afganistán, Tayikistán, Turkmenistán y Uzbekistán y desemboca en el mar de Aral. Tiene un curso aproximado de 2.540 kilómetros

Un encantamiento hindú sobre la arena,

Moviéndose, deambulando por senderos y aterrizando en los piedecuestas

de las palabras;

Cada vez para volverse discurso, para conectar o tal vez desconectar;

Un húmedo tintero,

Hecho un ovillo entre la vasija de cristal,

Conectándose él mismo como para dejar el yo atrás,

La espiral del aliento toca los bordes de una taza de arcilla,

Los cinco sentidos se vuelven tridimensionales,

Enrollando, desenrollando, en la emoción de labios sellados,

Una persona errante a lo largo de un sendero, cargando el cáncer;

Aliento vaporoso descansando sobre la taza de té,

Las miradas fijas enlazadas,

Y la melancolía de deliciosos aromas chinos;

Una parte de nuestros cuerpos ha partido hacia el Tíbet,

El grito de una yegua a punto de convertirse en mariposa.

dos

Latas de cerveza y un puñado de dólares,

Él la mira de arriba a abajo,

Con su mirada mediterránea,

Arrogante, levanta la hoja de cannabis,

Quemando la mirada en el fuego de las palabras

El tres de agosto empacó sus maletas,

Poniéndose en camino hacia una ilusión muy lejana,

Un camino más allá de la civilización;

tres

Uno dijo bebamos este pocillo de libertad,

Uno corrió y corrió a lo largo del corredor de electrones,

Uno entró al sendero,

Uno alcanzó el puente, el yo volviéndose uno mismo,

Los dioses y a través de los labios risa.

¿Ya llegaste?

El lugar donde el sendero es el sendero y el caminante en el camino;

Cuando las cambiantes arenas se afilan para volverse dunas, circulando y

Entregándote al desierto de Nimrooz,

El malayalí[2] está presente;

Una peculiar composición geométrica.

---

[2] Los Malayalí son un grupo que habla el malayalam en el estado hindú de Kerala

cuatro

Y no pude continuar,

El yo que había estado en las montañas;

Pastoreando ovejas,

Inclinado, llevando amapolas muertas sobre mi espalda;

Ya los dueños de la tierra habían cargado con las frescas,

Pero el libro halló un nuevo rostro,

El libro llegó a ser una clave para la sabiduría,

Abriendo puertas para que se expandieran.

cinco

Vestido con el atuendo de la pureza,

Los abetos de Herat cubiertos de nieve,

Un intento para que la vida del pueblo retorne,

Para que yo no tenga necesidad de escribir;

El uno, el arremolinado uno,

Mirando al vacío, distinto al yo,

Ha recorrido la distancia; ha demostrado paciencia;

Un no yo, dando vueltas sobre las más febriles noches de Kabul,

El clima no estaba frío,

Pero acurrucada en una esquina,

La nieve se movía hacia arriba de aquellas venas.

Virus de la escritura

uno

Los virus de la escritura

Y los laberintos electrónicos

Con apagones y sin computador

En una casa rentada, a siete mil por mes;

Kabul, la capital afgana

¿Qué tonto poema es éste?

Te preguntas ¿son poesía las palabras solitarias que vagan por corredores

electrónicos,

Cercenadas de su existencia,

Arrojadas lejos, sin ninguna alternativa excepto la de convertirse en poema?

Miras a la imaginación vagando a través de senderos, por senderos

Tiras la correa sobre otra palabra todavía,

Tratando de dominar a esa salvaje,

Y si fracasas,

Dejas de funcionar,

Como un computador colapsado.

dos

Había alguien, alguien que escribía virus

Detrás de un computador portátil de energía diesel

Buscando URLs

Un correo anónimo se enviaría

Para conectarte a un sitio infectado;

"Soy de Florida, Estados Unidos, tengo 23 años de edad,

Busco a alguien que siga el link y sea feliz";

¿Abrir el correo y hacer feliz a alguien?

Primero, detén los programas;

Pasando por seguridad, escribiendo 97, 98, 99,

Haciendo próxima la muerte del romance entre cero y uno.

Un escritor de virus bebió media botella de cerveza de un solo trago;

Luego, mueren computadores;

Primero al este de París, una casa,

Australia, tres minutos después,

Un hombre espera los últimos minutos afuera de una oficina de cambio

Necesita llegar a casa;

Una fiesta va a comenzar en media hora;

Filipinas, minutos más tarde,

Una chica de 19 años

En una sala de chat,

Exhibe un cuerpo usado;

En Egipto, más o menos al mismo tiempo,

Y a la mañana siguiente, Kabul.

tres

Usted, y usted, también usted,

Sí, usted y usted también,

¡Todos están arrestados!

cuatro

Me dicen, ¡para de escribir!

Escribe y te mostraremos a Guantánamo en casa,

Escribe y te mataremos.

Kabul, verano 2007

Manos esposadas, pies atados;

Éste es Afganistán, y éste de aquí adonde va a llegar,

Cadáveres sobre cadáveres.

El poema no tiene alternativa sino dejar de escribirse a sí mismo.

Ésta es la prisión.

cinco

Le preguntaron a un gorrión de Kabul

¿En resumen, qué trama la humanidad?

El gorrión meditó sobre esto y ¡se murió!

Un rostro bronceado y diminutas venas púrpura

Un rostro bronceado y diminutas venas púrpura,

un suave rostro de moldura maya,

con los colores del azafrán y los pastos,

encorvado entre un sobretodo brillante

y un gorro de lana,

las borlas del largo saco cautelosas de los ásperos vientos de la tierra montañosa,

sobre la invisible bandera: la blancura y la cornamenta de un ciervo

de corazón disperso y difuso;

transportada por las ondas sonoras de un gramófono,

la sensación se canaliza en el aire,

el comando, el libro y el imperio de catapultas, y mucho antes

una sensación se halla en el aire, creciendo

en el brazo, y el brazo que se desintegra,

en la soledad de la oscuridad

y cuando la muerte de alguien es anunciada a la hora de la adivinación,

ocultándose de la vida,

y escapando entre los rostros nítidos y los borrosos,

un deseo para que el pulso caiga

en la hendidura de un rubí; el fruto de Badakhshan ; y un rostro que llora;

en el nacimiento de las pestañas y el suave tejido del rocío tembloroso,

para aparecer y anidar entre cabellos,

el arder de la intensa fiebre, más lasciva que siempre, más magnética que siempre;

balanceándose en dirección a la inconveniencia, la rueda de la fortuna, girando

y deteniéndose;

en un sinuoso reloj destinado a derretirse,

resbaladizo sobre las mejillas, el aniquilador del incansable reloj, interminablemente volteando;

te paras,

observas,

tomas té;

como un arco iris, te deslizas sobre la silla;

levantas un cigarrillo,

y lo enciendes;

La vacilante linterna se despierta,

da vueltas alrededor de la capa,

levantándose desde las márgenes, pintada de azul,

y se para sobre tu corazón,

se evapora a través de tus ojos;

arrastrándose hasta una esquina está un anillo con piedra de esmeralda,

el liso pasado de un remoto destino,

y tú alcanzas la línea curva,

entrando en una geografía de latitudes y longitudes,

la composición se apresura;

en medio del campo abierto, una y otra vez,

una iglesia se convierte en ruinas,

Recomponiéndose en el romper de luz y el sendero único de tu voz, y pasa por entre latitudes y longitudes;

el calor levanta la capa,

asentándose sobre el crucifijo de tu caja torácica,

sobre la silla, temblando,

con el aleteo tejido de rocío

tomas el té,

enciendes la lámpara del arco iris,

te sumerges,

y la pluma da vueltas y vueltas,

y tú escribes tu propia muerte;

ella se mueve arriba de tus dedos,

prosiguiendo el camino hasta tu boca,

tú colapsas entre tu pulso,

escribes esto,

y te desintegras en medio de los segundos;

vas a la oficina de correos,

solicitas una carta del difunto,

buscando un augurio;

tomas la ruta,

buscas una epifanía,

en un chal arco iris,

y sacudes medallas color carmesí,

dices hola, la paz sea con vosotros,

y luego adiós;

y te dispersas entre las ondas sonoras de un gramófono,

tu corazón difuso y llevado por las ondas sonoras de un gramófono,

Permaneces en casa

y buscas una profecía,

buscando un augurio entre las horas;

el rostro bronceado se calienta,

te envuelves en torno a mi cuerpo;

buscando dónde se juntan los alientos,

te liberas en mi garganta;

te levantas,

te vuelves lágrimas

y te escurres bajo mis mejillas;

vas a la oficina postal,

buscando una carta de los muertos;

un anhelo por dejar ir,

una fecha con los anónimos héroes del tiempo

e imperios más allá de la época en que se inventó la escritura;

los que nunca fueron puestos en tinta,

embarcándose sobre la silla de montar, domando las líneas,

Abandonando el tiempo, dejando los cinco sentidos atrás;

ese rostro bronceado, un prototipo hallado cuando el hierro fue descubierto

uno que nunca, jamás encontró reflejo en la tinta.

Trabajo periodístico

Kamran Mir Hazar se ha dedicado más de diez años a la labor de periodista y editor. En 2004 puso en marcha Kabul Press, el sitio de noticias más leido en Afganistán. En 2005 también inició las publicaciones del periódico " Chai e Dagh" (Té Caliente). En 2006 trabajo como editor jefe para la radio nacional Killid y un año después para la radio Salam Watandar apoyada por Internews.

En 2011 dispuso el sitio online de Refugee Face. Como periodista además, conribuyó en algunos diarios británicos " The Guardian". Uno de sus libros, Censorship in Afghanistan (Censura en Afganistán), fue publicado por Norway´s IP Plans-Books. Está escrito en lengua Dari y es el primer libro que explora el fenómeno de la eliminación sistemática de la Libertad de Expresión en Afganistán.

Kamran Mir Hazar ha sido arrestado dos veces y maltratado por los agentes de seguridad en Afganistán8 y también el sitio de Kabul Press ha sido censurado y prohibido en Iran y Afganistán, donde sólo era accesible a traves de los ISP(Internet Service Provider), organizaciones no gubernamentales.

www.ingramcontent.com/pod-product-compliance
Lightning Source LLC
Chambersburg PA
CBHW072021290426
44109CB00018B/2306